COLONISATION

DE L'ALGÉRIE.

COLONISATION

DE

L'ALGÉRIE

PAR

 UN OFFICIER DE L'ARMÉE D'AFRIQUE.

PARIS

A LA LIBRAIRIE SOCIÉTAIRE,
RUE DE BEAUNE, 2,
ET QUAI VOLTAIRE, 25, PRÈS LE PONT-ROYAL.

1847.

AVERTISSEMENT DES ÉDITEURS.

L'École sociétaire, en publiant cette brochure, qui est le travail tout personnel d'un de nos amis, a voulu reconnaître la loyauté et la justesse des critiques dirigées par l'auteur contre l'insuffisance des plans présentés jusqu'à ce jour pour la colonisation de l'Algérie, et s'associer au caractère vraiment humain du système qu'il propose pour la régénération de la race arabe. C'est par ce côté surtout que ce travail doit plaire aux intelligences et aux cœurs d'élite. Améliorer le sol et ses produits pourrait suffire à l'ambition de tout autre nation que la France; mais la France, pour être fidèle à son histoire et à sa destinée, doit avoir la sainte ambition d'élever aussi à une condition meilleure les races malheureuses dont une glorieuse conquête lui a dévolu l'éducation.

Nous ferons seulement quelques réserves sur deux points :
D'abord, la préférence absolue que l'auteur réclame pour la colonisation indigène et pour la colonisation militaire, qui devraient être installées avant de passer à la colonisation civile ; en second lieu, l'opposition à toute entreprise qui ne consacrerait pas les principes de l'auteur.

Nous ne croyons pas que l'État puisse sanctionner ces tendances exclusives, qui s'expliquent aisément par les préoccupations d'un auteur. Les trois modes de colonisation, indigène, militaire, civil, répondant à des besoins différents, doivent être menés de front et non successivement.—Les systèmes de grandes et de petites concessions doivent aussi être essayés, quand ils sont patronés par des noms aussi considérables que ceux du général Lamoricière ou du maréchal Bugeaud, sauf à faire l'expérience en petite échelle. Il n'y a pas à craindre en notre temps le triomphe prolongé d'un mauvais principe dans un pays neuf comme l'Algérie, pourvu que l'on permette aux principes supérieurs de montrer à côté leur excellence. Jusqu'à ce jour, les chefs éminents qui ont présidé au mouvement de la colonisation ont fait acte de tolérance, et quelques-uns même de haute et généreuse bienveillance envers des entreprises inspirées par l'esprit d'association. Ne soyons pas moins larges envers leurs projets ; l'Algérie est assez grande pour tous les essais, l'expérience fera justice des erreurs, et si dès aujourd'hui ces erreurs prétendaient envahir ou opprimer, l'École sociétaire n'abdique pas son droit de critique.

Malgré ces légères exagérations, l'on reconnaîtra dans l'auteur de ce travail un esprit distingué, sans préjugés et sans passions, dont les bons désirs se sont mûris au contact si utile des choses et des hommes de l'Algérie ; son œuvre sera lue et acceptée comme une pièce importante du grand débat sur l'Afrique, qui préoccupe déjà la presse et sera bientôt porté devant les Chambres et le pays tout entier.

COLONISATION
DE L'ALGÉRIE.

AVANT-PROPOS.

> La colonisation européenne de l'Algérie est aujourd'hui la grande question à l'ordre du jour, puisque la conquête de toute l'Algérie est faite, moins la grande chaîne du Djurjura, et que nous avons fondé un gouvernement régulier pour les Arabes.
>
> (*De la Colonisation de l'Algérie par M. le Maréchal Duc d'Isly*, Gouverneur général.)

— Ainsi donc la conquête de l'Algérie est faite, sinon parfaite ; et il ne nous reste plus qu'à trouver le meilleur procédé de colonisation à l'aide de l'élément européen.

Les termes du problème ainsi posé me paraissent incomplets : je ne pense pas que notre mission sur cette terre livrée à la barbarie, se borne à la rendre à la production, et que notre unique souci doive être de nous débarrasser au plus vite du fardeau politique et financier que nous impose notre conquête.

Serait-ce donc que nous avons conquis l'Algérie sans savoir pourquoi ; que depuis seize ans nous y avons dépensé hommes et argent sans but déterminé ; et qu'aujourd'hui seulement, étonnés du chemin que nous avons fait sans le vouloir, nous cherchons un moyen honnête d'en finir ?

La France prétend marcher à la tête des nations civilisées ; la Providence l'a mise en contact avec la Barbarie. Qu'elle accepte donc résolument la mission que la Providence lui a confiée, d'initier aux bienfaits de sa Civilisation le peuple ignorant et malheureux qu'elle a vaincu. Mais qu'on y prenne garde ; la Civilisation est douée d'une puissance de dissolution irrésistible ; partout où elle a pénétré, les peuples indigènes, décimés et réduits à la plus profonde misère, ont été refoulés, ou ils ont disparu complètement. Que sont devenus les Caraïbes des Antilles et des grandes îles du golfe du Mexique ? Que sont aujourd'hui les peuplades qui vivaient dans les immenses forêts du Nord-Amérique ?

Nous devons régénérer les Arabes, et non les refouler ou les anéantir.

La Colonisation est le moyen et non le but.

C'est sous cette double inspiration qu'a été conçu le projet que je publie, et si je n'attache pas mon nom à mon œuvre, c'est que mon nom n'a aucune valeur politique, scientifique ou littéraire qui puisse patroner mon idée : si l'idée est bonne d'ailleurs, qu'est-il besoin de connaître celui à qui elle appartient ? Et si elle est mauvaise, je ne tiens pas à faire savoir qu'elle est à moi.

SOLUTION DU PROBLÈME.

Toute question bien posée est, dit-on, à moitié résolue ; posons donc nettement la question.

L'Algérie est conquise ou à très-peu près : Quel est notre devoir ? Quel est notre intérêt ? Quel est le meilleur moyen de concilier notre devoir et notre intérêt ?

Notre devoir est de régénérer le peuple arabe. L'appeler aux bienfaits d'une société supérieure, l'initier à notre industrie, l'éclairer par les saintes lumières de la science, — uniquement par l'attrait de la science, d'un bien-être supérieur et des merveilles de nos arts ; voilà la mission noble et sainte que la Providence nous a confiée, à nous fils heureux d'une société plus avancée.

Notre intérêt le plus proche est de pacifier notre conquête. Rendre notre domination paisible pour tous, bienfaisante pour le peuple conquis et productive pour le peuple conquérant, n'est-ce pas satisfaire à la fois tous les intérêts ?

Le moyen le meilleur, le plus rapide, le seul honorable de concilier notre devoir et notre intérêt, c'est la colonisation ; la colonisation en mode combiné qui emploiera, qui utilisera tous les élémens et toutes les forces des deux peuples, qui les rapprochera d'abord, les unira plus tard et n'en fera plus qu'un seul et même peuple.

CONSIDÉRATIONS GÉNÉRALES ET CRITIQUES.

Les auteurs des différents systèmes de colonisation proposés jusqu'à ce jour, ne se sont nullement occupés de l'élément indigène ; ou bien s'il en a été tenu compte par quelques uns, c'est parce que les Arabes possèdent les terres sur lesquelles on veut appeler les populations européennes, et alors ils n'ont trouvé rien de mieux que de les exproprier et de les refouler par de là les points les plus reculés de notre domination. M. le maréchal Bugeaud qui repousse avec raison ce procédé, et en propose un où du moins la possession est respectée, ne se préoccupe pas plus que les autres du sort à venir des tribus indigènes. Dominé par une pensée qu'il ne cherche pas à dissimuler, M. le maréchal Bugeaud ne songe qu'à constituer, en présence du peuple arabe, une population européenne forte et puissamment organisée, pour le contenir et le dominer : du moins il n'a traité que la colonisation européenne; et il lui suffit d'avoir fondé un gouvernement régulier pour les Arabes.

Et cependant pour ceux-là même qui ne songent qu'à introduire en Algérie l'élément européen, et dont tout le souci semble être d'y constituer à bon marché une population capable de dominer les Arabes, afin d'exonérer au plus vite la France d'un lourd fardeau politique et financier, pour ceux-là même il y a nécessité de s'occuper des possesseurs du sol. Car si on laisse les tribus conduire leurs nombreux troupeaux çà et là dans les plaines et les montagnes pour y chercher des pâturages et de l'herbe, où prendra-t-on les terres à concéder aux colons européens? il est donc indispensable de resserrer les Arabes, de les habituer à la culture, à la prévoyance qui fait des approvisionnemens. Et ne faut-il pas, en échange de cette insouciance de la vie nomade, de cette indépendance des lieux et des saisons, leur offrir un dédommagement, une compensation? Que leur donnerez-vous pour tous les biens que vous leur aurez ravis; — car l'insouciance, l'imprévoyance et l'indépendance de toutes choses sont des biens précieux à ces peuples, — que leur donnerez-vous, si vous ne leur bâtissez des maisons et des villages; si vous n'ouvrez des routes et des chemins pour ces maisons et ces villages; si vous ne leur apprenez à tirer du sol que vous leur laisserez tout ce qu'il peut produire; si vous ne les habituez à s'attacher à leurs foyers, à la terre qu'ils auront fertilisée? et si vous poursuivez et atteignez ces buts, n'est-ce pas alors en faire des colons? Pour vous donc il y a nécessité d'utiliser l'élément arabe pour les progrès de la colonisation, si vous ne voulez pas admettre que c'est un devoir.

Mais de tous les systèmes de colonisation proposés jusqu'à ce jour, lequel doit-on adopter? M. le maréchal Bugeaud dit : la colonisation militaire d'abord, et toutes les autres ensuite. Je me permettrai d'être plus absolu dans mes idées, et je dirai : choisissez un système de colonisation qui concilie notre devoir et notre intérêt, qui réunisse toutes les conditions d'économie et de rapidité indispensables mais compatibles avec la grandeur de l'œuvre; et marchez hardiment dans cette voie. Et lorsque des hommes sérieux et capables vous soumettront des projets sérieux pour coopérer à l'œuvre, aidez-les, encouragez-les au lieu de les entraver et de les poursuivre de commentaires malveillants, inconsidérés et surtout mal renseignés.

Et c'est pour cela que je propose un système que je crois supérieur, et que je refuse de les admettre tous, bons ou mauvais, surtout ceux qui feraient de ce magnifique pays une nouvelle Irlande dont les heureux propriétaires dépenseraient dans la métropole les millions que produirait le travail de misérables prolétaires; et ceux qui transformeraient ce beau territoire en un vaste camp où l'organisation militaire, la discipline et la tactique seraient à l'ordre du jour, et ceux enfin qui livreraient ce sol si riche et si fertile au travail inintelligent et morcelé.

———

M. le général de Lamoricière a proposé un système de colonisation que M. le maréchal Bugeaud a victorieusement combattu. M. le maréchal Bugeaud n'a pourtant discuté le système qu'il a réfuté qu'au point de vue économique, et il ne paraît pas qu'il se soit préoccupé de tout ce que ce système aurait de désastreux pour l'avenir de la colonie, s'il était pratiqué avec succès.

M. le général de Lamoricière propose de confier à des entrepreneurs adjudicataires ou concessionnaires la création des villages européens, à la charge par eux « d'intro- » duire dans tous les contrats passés avec les colons une » clause qui les constitue propriétaires, après l'accomplis- » sement de toutes les obligations réciproques, de quatre » hectares au moins de terre labourable; mais l'adjudica- » taire serait libre de répartir le sol entre les familles et de

» régler avec elles les conditions auxquelles il leur procu-
» rerait une habitation dans l'enceinte des villages ou des
» hameaux. »

Il faut bien reconnaître là cette tendance fatale de notre époque à tout livrer à la puissance du coffre-fort. Faudra-t-il attendre bien des années pour que le malheureux colon soit obligé de se dessaisir de ces quatre hectares qu'on lui réserve en faveur du capitaliste entrepreneur qui, devenu bientôt le véritable et le seul propriétaire de la terre et des maisons, dépensera à Paris dans le luxe et la mollesse le produit le plus net et le plus clair des magnifiques domaines qu'il aura créés avec l'argent de la France? Y aura-t-il bien loin alors de l'état de l'Algérie à celui de l'Irlande qui dévore aujourd'hui les millions de l'Angleterre, sans pouvoir apaiser sa faim?

Oui, je le répète avec un profond regret, ce système serait fatal à l'avenir de la colonie; et si j'y pouvais quelque chose, quelle que fût ma conviction à l'égard de son impossibilité, bien loin d'en provoquer l'essai, je le proscrirais comme désastreux.

Quant au système de M. le maréchal Bugeaud, comme personne encore que je sache ne l'a discuté, je l'examinerai plus en détail, parce que d'ailleurs il est praticable et n'a rien de funeste. M. le maréchal Bugeaud, du reste, ne s'est occupé que de la colonisation militaire; quant à ce qui concerne la colonisation civile, il se contente de demander des « cadres vigoureux » toujours dans la pensée de contenir et dominer les Arabes.

Cette préoccupation qui n'abandonne jamais M. le maréchal Bugeaud tient surtout à ce que bien loin de songer à utiliser la population indigène pour la colonisation, il la considère comme un obstacle à la colonisation et un élément de guerre. Aussi M. le maréchal Bugeaud ne manque-t-il pas de dire que la population arabe est admirablement organisée pour la guerre ; que chez eux tout est guerrier, tout marche à la guerre sainte depuis « l'enfant » de 15 ans jusqu'au vieillard de 80 ; » que c'est ainsi qu'une population de 3 à 4,000,000, selon lui, « a pu » néanmoins nous résister pendant longues années, avec » 4 ou 500,000 guerriers (1). » Dès-lors il est naturel, il est logique de vouloir établir une population fortement organisée pour la résistance et la lutte, en présence d'une population ennemie, supérieurement organisée elle-même pour la guerre.

Les tribus, presque toujours en état d'hostilité entre elles, ont dû, en tout temps, se tenir prêtes à l'attaque et à la défense ; et leurs habitudes nomades expliquent suffisamment leur grande mobilité ; mais faut-il recourir à des instincts guerriers, à une admirable organisation guerrière pour expliquer leur longue résistance ? De nos jours, qui songe à attribuer aux paysans bretons et vendéens une organisation telle et de tels instincts ? et cependant leur résistance contre les armées républicaines habituées à vaincre l'Europe fut longue et héroïque. Que penserait-on aujourd'hui des généraux Hoche, Marceau et Kléber, si, après avoir vaincu et pacifié ces braves campagnards, ils avaient écrit que le peuple qu'ils ont combattu était admirablement organisé pour la guerre ? Ne suffit-il pas que l'on puisse éveiller, surexciter le sentiment religieux et national dans une population ignorante et fanatique pour la rendre héroïque ? et n'avons-nous pas fourni assez de prétextes, assez de motifs à in-

---

(1) En calculant d'après la loi de la population en France, on trouve que sur une population de 4,000,000 il y a 2,729,330 individus de quinze à quatre-vingts ans ; il faut en déduire moitié pour les femmes ; resterait 1,364,665 combattants de quinze à quatre vingts ans. Et si l'on suppose qu'il en restera moitié pour la garde des tribus, ce serait encore 682,332 combattants pouvant tenir la campagne.

Cela est-il vrai ? Avons-nous eu jamais à lutter contre 700,000 Arabes, divisés autant que l'on voudra en petits corps ?

voquer par les fauteurs de la guerre sainte pour appeler les Arabes à prendre les armes contre nous?

L'histoire de l'insurrection vendéenne renferme de hauts enseignements que nous devons étudier, dont nous devons profiter. Lors de la grande révolution française, il ne fut pas difficile aux seigneurs bretons et vendéens d'exploiter au profit de leur cause les fautes du gouvernement républicain, le fanatisme religieux et le patriotisme local de leurs serfs; et à leur voix tous les paysans prirent les armes et devinrent des héros. Mais depuis lors le consulat, l'empire et la restauration se sont étudiés à améliorer l'état de ces contrées; les Vendéens et les Bretons ont pu apprécier depuis les bienfaits d'une révolution dont les moyens violents les avaient d'abord irrités; et lorsque plus tard une princesse intrépide et malheureuse a voulu renouveler la guerre vendéenne, elle n'a trouvé, au milieu de ces mêmes populations, qu'une profonde compassion pour son infortune, un accueil bienveillant et empressé pour sa personne. Mais le peuple éclairé sur le présent et le passé, jouissant des bienfaits d'un gouvernement doux et paternel, trouvant partout et toujours respect et considération pour sa religion et ses ministres, pour ses mœurs, ses principes et ses habitudes, n'a pas voulu risquer son repos et son bien-être pour une cause qui n'était plus la sienne.

Il en sera ainsi des Arabes lorsqu'on aura fait pour eux tout ce qu'on a fait pour les Vendéens, et plus encore; car les Arabes sont plus misérables et plus ignorants que n'étaient les paysans de la Vendée. Mais jusqu'à présent qu'a-t-on fait pour les Arabes? où sont donc les bienfaits de cette Civilisation que nous voulons leur inoculer? Les Arabes reconnaissent notre force et notre puissance, et ils se courbent; mais ils aiment notre justice, parce qu'elle est juste, impartiale et désintéressée, et ils viennent à elle, soit qu'elle revête la toge du magistrat ou l'uniforme de l'officier. Ne soyons donc pas seulement forts et vigoureux vis-à-vis des Arabes; montrons-nous éclairés et bienveillants; que notre bienveillance se traduise en actes généreux, en une administration juste et paternelle, et les Arabes accepteront les bienfaits et le bien-être que nous leur apporterons. Et alors, si jamais un ambitieux prétend les appeler aux armes en leur parlant de guerre sainte et de nationalité, ils lui diront qu'ils vivent heureux depuis que les Français leur ont appris à se bâtir des demeures saines et commodes; qu'ils trouvent auprès des Français justice égale pour tous, rémunération large et complète de leur travail; qu'ils produisent davantage et qu'en échange de leurs produits ils reçoivent ceux de la France qui rendent la vie plus facile et plus douce; que les Français ont toujours respecté leur religion, leurs mœurs et leurs habitudes; qu'ils doivent aux Français le bien-être dont ils jouissent, et qu'ils ne connaissaient pas avant leur arrivée. L'ambitieux pourra bien ramasser quelques turbulents, quelques esprits chagrins et fiévreux; mais la masse restera tranquille et repoussera l'ambitieux marabout ou le cheik détrôné.

M. le maréchal Bugeaud dit encore qu'il faudra pour ses colons, après leur libération du service militaire, une loi de milice plus forte que la loi actuelle des milices dans les territoires civils, parce que la loi actuelle est insuffisante sans doute; et comme démonstration, M. le maréchal Bugeaud rappelle toutes les difficultés que rencontra l'exécution de l'ordre de mobiliser deux bataillons de la milice; et il ajoute qu'il ne fallut pas moins de douze jours pour mobiliser, sur le papier, ces deux bataillons.

Mais à qui la faute? On avait eu l'imprévoyance d'attendre le moment du danger pour faire ce travail de mobilisation sur le papier. Si les cadres avaient été préparés d'avance, la mise en mouvement n'aurait demandé qu'un seul jour, le temps indispensable pour réunir les contingents. Et permettez-moi de le dire, monsieur le maréchal, les clameurs qu'excita votre ordre, les obstacles et les mauvais vouloirs qui en entravèrent l'exécution ne tiennent pas à une organisation trop faible de la milice. Dans les Antilles, à la Guadeloupe, à la Martinique, à Bourbon, la loi d'organisation des milices n'est pas plus forte que celle des milices algériennes; et pourtant si vous ouvrez l'histoire de la colonisation de ces contrées, vous verrez que toujours les milices civiles ont pris les armes au premier appel, et non pas seulement contre les Caraïbes, mais contre les Anglais, les Espagnols et les Hollandais. Et, vous en conviendrez avec moi, monsieur le maréchal, l'organisation des troupes européennes de ce temps-là valait bien l'organisation des milices arabes de nos jours; elles avaient, ces troupes anglaises, espagnoles et hollandaises, la discipline et la tactique que n'ont pas, de votre aveu, les guerriers arabes; et bien des fois pourtant elles ont dû reculer devant la bravoure et l'intrépidité des milices créoles. C'est que l'on est fort quand on est chez soi et qu'on défend ses biens et sa famille; et les créoles étaient chez eux, ils se battaient pour le salut de leurs femmes et de leurs enfants, pour la conservation de leurs biens. C'est que les milices créoles se composent de propriétaires, de planteurs, comme on les appelle encore, tous français, tandis que les milices algériennes se recrutent d'hommes de toutes nationalités qui ne possèdent rien que les razzias d'Abd-el-Kader puissent atteindre. Leurs propriétés, s'ils en ont, leur commerce, leur fortune, leurs emplois comme leurs personnes, sont enfermés dans les murailles des villes; ils n'ont rien à défendre dans la plaine hors de ces murailles, et toutes les fois que vous voudrez les en faire sortir pour guerroyer au loin, vous soulèverez des clameurs, vous trouverez des résistances inattendues. Il n'en sera pas ainsi lorsque le territoire sera habité, exploité par les possesseurs; mais aujourd'hui quels sont les miliciens d'Alger qui possèdent dans la plaine une ferme bâtie, exploitée même par des journaliers? On les compte, on les nomme, tant ils sont rares; tous sont ouvriers, marchands, industriels, constructeurs, spéculateurs, défenseurs ou fonctionnaires de l'État; le petit nombre seulement, le très-petit nombre, possède dans le Sahel des villas que les camps assurent contre toute invasion; et parmi les heureux propriétaires de villas, tous ceux qui le peuvent y transportent leur domicile afin de s'exempter de la corvée fort peu gracieuse de monter la garde et de faire des patrouilles.

Je le répète donc, l'insuffisance de la milice ne tient pas à son organisation, mais à sa composition; et cette composition restera la même aussi long-temps que toute l'activité se concentrera, se dépensera dans des spéculations plus ou moins heureuses et presque toujours immorales, aussi long-temps que les capitaux dédaigneront les entreprises agricoles, parce qu'elles ne mènent pas assez rapidement à la fortune. Lorsque les milices se composeront de propriétaires et de cultivateurs, elles suffiront à leur tâche.

Déclarez par une loi que le recrutement est aboli en Algérie, mais que tout homme est soldat et se doit à la défense du territoire; abolissez toutes corvées périodiques, gardes, patrouilles et factions, toutes les revues grandes et petites, toutes les manœuvres à pied et à cheval; surtout arrêtez, s'il est possible, cette disposition malheureusement trop commune à jouer aux soldats avec des bourgeois; supprimez ces compagnies inutiles de marins et d'artilleurs. Exigez seulement des miliciens que leurs armes soient toujours prêtes et en bon état; ne les dérangez jamais inutilement et uniquement pour le plaisir de parader; n'accordez qu'au gouverneur général et aux commandants des provinces le droit de déplacer des ouvriers, des laboureurs dont le travail est la seule fortune; et encore que leurs tournées soient combinées pour n'inspecter les milices que les dimanches ou les jours de grande fête au sortir de la messe, sur la place publique, au milieu de la population du village. Laissez-les venir dans leur costume habituel, et contentez-vous de leur empressement à vous accueillir l'arme au bras, s'ils n'en savent pas davantage. Et lorsqu'il y aura danger commun, ils accourront tous avec le même empressement à la voix de leur commandant.

Qu'on ne pense pas toutefois que je veuille justifier la conduite de la milice qui, en cette circonstance grave, aurait dû se montrer dévouée et empressée. La milice algérienne a manqué de patriotisme, elle a failli à son devoir. Lorsqu'un danger menace la chose publique, toutes les considérations personnelles doivent s'effacer devant l'intérêt commun : chacun se doit au salut de tous. Ce n'est qu'à cette condition-là que la société doit aide et protection à chacun de ses membres.

Partisan bien convaincu de l'emploi de l'armée à tous les grands travaux d'utilité publique, j'adopte pleinement l'idée d'appliquer les forces de l'armée à la colonisation ; et si je n'adopte pas de même le mode de colonisation militaire proposé par M. le maréchal Bugeaud, c'est parce que je crois qu'il est possible de faire aussi bien et aussi vite avec moins de frais.

M. le maréchal Bugeaud propose d'envoyer en France, pour s'y marier, tout homme ayant encore trois ans à passer sous les drapeaux ou qui s'engagerait à prolonger son service jusqu'au terme de trois ans, à la condition de revenir avec femme et parents, s'il le pouvait, pour s'établir en Algérie. Pendant son absence, qu'il serait invité à abréger autant que possible et qui, dans tous les cas, ne devrait pas dépasser six mois, on lui bâtirait une maison, on lui défricherait 10 hectares de terre, et à son retour il entrerait immédiatement en jouissance de sa concession et recevrait en outre un cheptel, un mobilier, etc., sans cesser d'avoir droit à toutes les prestations du soldat présent sous les drapeaux, puisqu'il serait encore soldat, et soumis, ainsi que sa famille, au régime militaire. Ce mode de colonisation coûterait à l'État 3,000 fr. par colon-soldat ou par soldat-colon, et M. le maréchal Bugeaud demande un crédit de 3,000,000 de francs pour mille de ces colons-modèles, à titre d'essai.

J'espère démontrer, en exposant mes idées sur la colonisation, qu'il est possible d'établir, dans de très-bonnes conditions, en Algérie, une famille de cultivateurs européens pour moins de 3,000 francs ; quant à la colonisation militaire, je pense qu'elle ne doit coûter rien ou bien fort peu de chose.

Je n'examinerai pas en détail le système de colonisation inventé et pratiqué par l'administration ; M. le maréchal Bugeaud nous a dit combien il a coûté et combien il coûte encore ; et il suffira de l'exposer pour que chacun comprenne son insuffisance et son insuccès.

Attirés par *l'attrait de la propriété* et la promesse de l'administration, de malheureuses familles de cultivateurs arrivaient en foule à Alger. Dans l'hiver qui précéda la dernière insurrection des Arabes, chacune des frégates à vapeur de l'État amenait 500 ou 600 colons de tout âge, de tout sexe, de toutes professions ; le dépôt des ouvriers les recueillait pendant quelques jours et les renvoyait pour faire place aux nouveaux venus. Le plus grand nombre de ces malheureux cherchait et trouvait du travail, il n'en manquait pas alors (1) ; ceux qui avaient des ressources attendaient. Cependant M. le directeur de l'intérieur et de la colonisation avait pris un arrêté qui créait un centre de population sous le nom de Dalmatie, Rovigo, Joinville, Montpensier, ou de l'un des saints du calendrier ; et tandis qu'on cadastrait le territoire du nouveau centre et qu'on délimitait les concessions, toutes les ressources s'épuisaient. Paris ne s'est pas fait en un seul jour ; et puis il y avait probablement un tour d'inscription, et bien certainement il y avait des tours de faveur.

---

(1) Aujourd'hui les malheureux ouvriers ne trouvent pas tous du travail même en offrant leur journée à 1 fr. 50 c. Il est vrai que les administrations civiles emploient les condamnés militaires en très-grand nombre ; et tandis que M. le gouverneur général, ému de la misère des classes ouvrières, faisait un appel à la charité publique en leur faveur, M. le directeur des travaux publics obligeait un de ses entrepreneurs à employer cent condamnés militaires sur ses chantiers.

Enfin le grand jour arrivait ; tout était prêt pour recevoir le nouveau propriétaire... Deux hectares de terres défrichées, sur dix dont se compose la concession, et 800 fr. de matériaux !.... Il faut se bâtir une maison ou tout au moins une cabane, il faut défricher, labourer, ensemencer et attendre la récolte : cependant il faut vivre et faire vivre sa famille. En France, le métayer, en arrivant dans le domaine qu'il doit exploiter, trouve une maison, des étables, un cheptel, tout le matériel agricole, des fourrages faits et emmagasinés, et pourtant il est encore misérable parfois : que sera-ce du colon algérien ? Celui dont la concession est proche d'une ville ou d'une route s'en tirera encore, s'il est industrieux ; avec les broussailles il fera du charbon qu'il ira vendre à la ville, et puis il trouvera à louer son travail. Pour cela faire encore il faudra une condition, mais je l'admets : il faudra qu'il ait pu résister à la fatigue et à la rigueur du climat. J'admets encore que le charme de la propriété suffira pour entraîner des colons possédant toutes les avances nécessaires pour s'installer et attendre la récolte, et pour leur faire abandonner le bien-être que leur assurait cette petite fortune dans leur pays : voilà notre village civil dans toutes les conditions de viabilité. Remarquez que ces familles ont été prises au hasard, qu'aucun lien ne les unit, qu'elles ne se connaissent pas, ne se comprennent même pas peut-être ; et dites-moi combien chacune doit compter sur les autres pour l'aider si le malheur vient à la frapper. J'admets encore que rien de pareil n'arrivera ; au surplus, l'état est là pour soulager les misères. Mais il faudra bien que chaque famille trouve dans sa concession tout ce qui lui est nécessaire : jardin, prairie, pâturage et bois, parce qu'on n'a pas eu besoin de réserver le moindre communal ; et l'Algérie entière présentera l'aspect riant du Bocage. Chacun des petits domaines, entouré de sa haie, de son fossé, bordé d'un étroit sentier, semblera une heureuse oasis où chaque famille nichera, trottera comme souris dans un fromage, comme alouettes aux champs. L'Alsacien sèmera du houblon, le Provençal plantera des oliviers, le Normand pétrira des tartines de beurre, et chacun vivotera, pullulera dans son petit coin. Mais de la grande culture, mais de l'élève des bestiaux, de l'élève des chevaux, mais des industries agricoles.... il n'y en aura donc jamais?... Laissez venir une mauvaise année, les sauterelles ou la sécheresse, et nous avons eu les deux fléaux en deux années consécutives; laissez venir la fièvre, et ces bien-heureux petits propriétaires isolés les uns des autres, sans ressources, réduits aux abois, recourront à l'emprunt. Et M. le directeur de l'intérieur et de la colonisation les autorisera à hypothéquer leurs petits domaines à 15, à 12, à 10 0/0 au plus bas; mais les frais d'actes, le courtage, etc., feront toujours que l'emprunteur paiera 15 0/0 au moins; et ce qui, à tout compter, n'aura pas coûté moins de 8,000 fr. à l'État, les capitalistes l'auront acquis en quelques années pour le tiers ou le quart de cette somme. Et comme plusieurs unités composent un entier, plusieurs petits domaines en composeront un respectable; et comme l'eau va toujours à la rivière, on aura bientôt de grandes propriétés, peut-être alors viendra la grande culture!

———

Et cependant M. le maréchal Bugeaud ne veut pas des grandes concessions, « parce que les grands concession-
» naires ne peuvent nous faire, d'après leurs propres in-
» térêts auxquels ils cèderont constamment, » et ils feront bien, « qu'une population rare et selon toute appa-
» rence mal composée, » et bien heureux encore s'ils nous en font une population : témoin le dernier concessionnaire de la Rassauta, qui avait contracté envers l'État, qui lui concédait 6,000 hectares à 15 ou 16 kilomètres d'Alger, de magnifiques engagemens qu'il n'était tenu de remplir qu'après trois années de jouissance. La troisième année expirée, comme sa grandesse n'avait rempli aucun

de ses engagements, la concession lui fut retirée. L'État rentra dans la possession de ses 6,000 hectares sans qu'il en manquât un seul ; mais pendant trois ans l'État avait acheté fort cher les fourrages que sa grandesse avait récoltés sur les 6,000 hectares de l'État. Et cependant, « quelle meilleure garantie pouvez-vous exiger d'un con- » cessionnaire qu'une fortune de 600,000 fr. de rente (1). »

M. le maréchal Bugeaud dit aussi que « à égalité dans » la qualité des terres, la culture par famille produira plus » que la culture par grandes fermes. » Et M. le maréchal ne paraît pas douter que la comparaison de ce que produit une ferme de 500 hectares dans la Beauce avec ce que pourraient produire 40 métairies établies sur le même espace, si on pouvait la faire, cette comparaison ne fût toute en faveur des 40 métairies. Il est vrai que le propriétaire de ces 500 hectares n'a eu à construire dans le premier cas qu'un seul corps de ferme, tandis que pour la petite culture il faudrait établir 40 métairies, « ce qui lui coûterait beaucoup plus cher. » Beaucoup plus cher est le mot ; et il me paraîtrait raisonnable que l'intérêt d'un capital beaucoup plus considérable dans le deuxième cas vînt en déduction de la plus grande production dans ce même cas. M. le maréchal Bugeaud ne dit pas si dans ses calculs il tiendrait compte de cette différence ; mais comme l'État est ici réellement le propriétaire qui doit opter entre les deux modes d'exploitation, il me paraît opportun d'éclairer la question par un exemple. Une société composée d'hommes honorables, l'Union agricole d'Afrique, a obtenu une concession de 3059 hectares dans la vallée du Sig, province d'Oran ; cette société, entre divers engagements qu'elle doit remplir en 10 ans, a pris celui d'intro-

---

(1) Ces paroles ont été adressées à M. Gauthier, capitaine d'artillerie, en présence de M. le général de Lamoricière, par M. Blondel, alors directeur général des affaires civiles. Il est vrai que M. Blondel ne s'était pas avisé de demander à sa grandesse de faire la preuve de son immense fortune.

duire et d'établir 300 familles sur sa concession ; l'état lui fait une subvention de 150,000 francs pour tous les travaux et édifices publics qu'elle est tenue de faire exécuter. Or, M. le maréchal Bugeaud évalue à 3,000 francs ce que coûtera l'établissement d'une famille de ses colons militaires ; ce serait 900,000 francs pour 300 familles : de quel côté est l'économie ? Et croit-on que l'État, qui, pendant nombre d'années, devra, dans les deux cas, renoncer à toute contribution, à tout impôt, trouvera, dans la production plus grande des trois cents familles de M. le maréchal Bugeaud, l'amortissement du capital et des intérêts des 750,000 francs que leur établissement lui coûterait en plus (1).

M. le maréchal Bugeaud affirme encore que « les gran- » des exploitations, quelque habile que soit le fermier ou » le propriétaire, sont toujours infiniment moins soignées » que les petites ; que les cultures y sont moins variées ; » que la jachère y est presque une nécessité ; » et comme d'ailleurs la petite culture faite par famille produit plus que la grande culture, il est naturel de penser que M. le maréchal Bugeaud conclura en faveur du travail morcelé par famille. Et pourtant M. le maréchal Bugeaud, lorsqu'il veut faire ressortir les avantages de sa colonisation militaire, s'exprime ainsi : « Dans un village civil, tout le » monde n'est pas actif, tout le monde n'est pas moral, » tout le monde n'est pas entendu dans la meilleure di- » rection à donner à ses travaux, à ses plantations ; tout » le monde ne sait pas quelles sont les cultures qu'il est » le plus intéressant de propager dans l'intérêt individuel » comme dans l'intérêt général de la colonie et de la mé-

---

(1) Il est vrai que M. le maréchal Bugeaud ne croit pas à l'avenir de l'Union agricole d'Afrique, qu'il en prophétise même hautement la ruine et l'insuccès ; mais j'espère que M. le maréchal Bugeaud mieux renseigné sur l'esprit et les principes de cette société par quelques développements y relatifs qui font partie du cadre que je me suis imposé, modifiera son opinion et reconnaîtra lui-même qu'il s'est trop avancé.

» tropole ; chacun agit à sa guise. L'ivrogne va au caba-
» ret au lieu de travailler ; le fainéant se croise les bras
» lorsqu'il a beaucoup à faire. Celui-ci cultive du tabac ;
» l'autre n'en plante pas. Celui-ci plante des mûriers et
» des oliviers dans d'assez bonnes conditions ; l'autre ne
» plante rien du tout ou plante d'une manière détestable.

» En un mot, c'est une société sans règle, sans disci-
» pline, sans unité d'impulsion. Je ne pense pas que cela
» puisse amener bien vite la prospérité générale.

» S'il se trouve à la tête de la colonie militaire un
» homme de quelque habileté, et nous tâcherons qu'il en
» soit ainsi, il donnera à tous les travaux une direction
» uniforme en harmonie avec l'intérêt des individus et
» les intérêts généraux de la colonie et de la France. »

Que pourrait-on conclure de tout cela ? Que M. le maréchal Bugeaud, tout entier à son système de colonisation militaire, — hors de laquelle point de salut, — combat la grande culture par la petite culture, et la petite culture par la grande, toutes les fois qu'elles se présentent sans tambours ni trompettes. Ce ne sera pas là ma conclusion. M. le maréchal Bugeaud a donné de trop grandes preuves de dévoûment à la chose publique ; la grandeur de ses vues, la noblesse de ses sentiments dans tout ce qui touche aux intérêts de la colonie, le placent trop haut dans l'estime des hommes impartiaux pour qu'il vienne jamais à ma pensée de prêter au gouverneur général de l'Algérie les vues d'une misérable et égoïste ambition. Je rougirais de me faire l'écho des calomnies qui se sont attaquées à ce grand caractère ; et si je me suis permis de mettre en regard deux opinions contradictoires de M. le maréchal Bugeaud, c'est uniquement pour montrer combien les intelligences même les plus élevées, les esprits les plus lucides, peuvent se laisser dominer et entraîner par une préoccupation unique.

En résumé, tous les projets de colonisation proposés

jusqu'à présent pèchent par la base, parce qu'ils négligent l'élément arabe le plus puissant, le plus fécond de tous. Comment! vous avez là sous la main une population de trois à quatre millions d'hommes que vous voulez modifier, améliorer, régénérer, et vous ne songez pas à l'utiliser pour la colonisation! vous n'en prenez souci qu'en vue de la nécessité d'être fort contre elle, de fonder une autre population forte et vigoureuse pour la contenir et la dominer! Vous laisserez donc les Arabes croupir dans leur misère et leur ignorance jusqu'à ce que, entraînés par l'excellence de votre Civilisation appuyée de quelques milliers de baïonnettes, ils viennent vous demander le baptême et puis le titre et les droits de citoyen français! Et jusqu'alors vous entretiendrez une nombreuse armée, vous introduirez une population nouvelle à grands coups de millions, et vous appellerez ça un mode économique et rapide de colonisation!

Je le dis hautement, parce que chez moi c'est une conviction profonde, tout système de colonisation qui, ne tenant pas compte de la population indigène, ne procédera que par voie d'introduction des populations européennes, civiles ou militaires, est impossible et ruineux pour l'État.

EXPOSITION.

Je n'ai pas la prétention d'avoir imaginé un système de colonisation ; beaucoup avant moi ont eu les mêmes idées, et la colonisation arabe, non plus que les autres, n'est pas de mon invention. M. le maréchal Bugeaud écrivait au mois de mai 1846 : « Nous voudrions faire marcher de front la » colonisation arabe avec la colonisation européenne. Une » partie des sommes votées au budget pour la colonisation » serait appliquée à construire des villages pour les Ara- » bes, etc. » (*Quelques considérations sur trois ques-*

tions fondamentales de notre établissement en Algérie).

Je suis heureux de pouvoir invoquer une autorité aussi considérable en faveur de mon projet ; et c'est uniquement parce que M. le maréchal Bugeaud a complètement négligé l'élément arabe dans son projet de colonisation, et qu'il s'est contenté dans la brochure qu'il a publiée sur cet objet, de rappeler ses vues sur les Arabes telles qu'il les avait fait connaître antérieurement, que je crois devoir donner de la publicité à un projet qui complète sa pensée et résume ses intentions ; je le pense du moins. M. le maréchal Bugeaud n'a-t-il pas dit qu'il ne repousse aucun système de colonisation civile? ne propose-t-il pas un mode de colonisation militaire? enfin, n'a-t-il pas écrit que la colonisation arabe doit marcher de front avec la colonisation européenne? Eh bien! moi aussi je propose la colonisation européenne, civile et militaire, et la colonisation arabe ; et s'il m'arrive de n'être pas toujours d'accord avec M. le maréchal Bugeaud, ce ne peut être que dans le mode d'employer les divers éléments de colonisation.

Bien que je sois convaincu que la colonisation arabe sera la plus féconde et peut-être celle sur laquelle on devra le plus compter, je ne lui donnerai cependant pas la priorité sur la colonisation militaire ; l'une et l'autre peuvent et doivent marcher de front. Quant à la colonisation civile, elle ne peut être entamée qu'après la colonisation arabe, ou, tout au plus tôt, après l'entier achèvement des travaux préliminaires que nécessitera la colonisation arabe. D'ailleurs, comme je propose de confier à l'armée l'exécution de tous les travaux de colonisation, il ne faut pas rendre sa tâche impossible en entreprenant tout à la fois.

Un aperçu comparatif bien simple suffira pour montrer combien on peut trouver de ressources de toute espèce dans l'emploi de l'armée aux travaux de colonisation. M. le maréchal Bugeaud espère faire édifier par l'armée 1,000 maisons en 6 mois ; car sans doute les femmes et les parents des colons militaires ne seront pas casernés, et toutes les maisons devront être prêtes à les recevoir à l'expiration des six mois de congé qui seront accordés aux colons soldats. A mon avis la chose est très possible, et je crois qu'on peut, sans inconvénient, distraire, pour cet objet, le quart de l'armée de ses occupations militaires, soit 25,000 hommes. En 250 journées de travail dans une année, ces 25,000 hommes remueraient la masse énorme de 40 millions de mètres cubes de déblais, et cela pour la somme de 2,000,000 de francs; tandis que le même travail exécuté par des ouvriers civils ne coûterait pas moins de 8 à 9 millions de francs.

Et qu'on ne dise pas que l'armée se refuserait à ce genre d'occupation; le soldat aime mieux travailler que parader ou faire l'exercice, surtout lorsque le travail est rétribué, quelque minime que soit la rétribution. Et pour que tous les officiers, jeunes et vieux, apportent dans ces nouvelles fonctions l'ardeur ou l'expérience de leur âge, il suffira que M. le ministre de la guerre prenne en grande considération, comme titre à l'avancement, les services rendus dans les travaux auxquels l'armée prendra part, et que tous les ans, à la fin de la campagne, le journal militaire porte à la connaissance de l'armée les noms de ceux qui s'y seront signalés par leurs connaissances, leur aptitude, leur zèle et leur assiduité.

Colonisation militaire.

Si j'avais été gouverneur général de l'Algérie, toutes les fois que j'aurais cru devoir occuper un point du territoire, j'aurais, dès le premier jour de l'occupation, signifié aux troupes composant la garnison de ce nouveau poste qu'elles ne devaient pas s'attendre à être relevées dans six mois, dans un an, mais seulement après avoir terminé les travaux dont je leur confiais l'exécution : caserne, hôpital, manutention, etc. Cependant, comme tous les soldats ne sont pas maçons, tailleurs de pierres, menuisiers, charpentiers ou forgerons, j'aurais fait étudier le pays tout aussitôt, j'aurais choisi mon terrain, et j'aurais dit aux laboureurs et aux jardiniers : Voici de bonnes terres, voici des bœufs, des charrues, des outils et des semences; défrichez, labourez, ensemencez et récoltez. La moitié des produits sera pour vous (pour toute la garnison), je vous achèterai votre part et vous la paierai comptant. Je leur aurais confié un troupeau prélevé sur les razias, et je leur aurais dit : Voici votre cheptel, soignez-le bien, la moitié des produits sera pour vous. Et s'il y en a parmi vous qui veuillent, au moment de leur libération, s'établir ici et y travailler, je leur donnerai un congé de six mois pour aller voir leur famille et se marier, et ceux qui reviendront au bout des six mois recevront une maison toute bâtie, un cheptel composé de....., etc., enfin tout ce que M. le maréchal Bugeaud propose de donner à ses colons militaires. Et j'aurais tenu mes promesses, parce qu'il n'y a pas un seul ministre, pas un seul député, pas un seul homme au monde assez déraisonnable pour ne pas sanctionner de pareilles mesures.

Qu'on ne me dise pas que la chose était impraticable : elle était faisable et très faisable; il n'y avait qu'à bien vouloir et bien opérer. Et aujourd'hui, auprès de toutes les villes qui ont été successivement occupées ou fondées par l'armée, la campagne serait cultivée et habitée, serait colonisée; et l'armée aurait trouvé d'immenses ressources dans ces colonies improvisées, et le trésor en aurait éprouvé un soulagement tel, qu'aujourd'hui il ne serait plus possible de dire que notre conquête nous est un lourd fardeau politique et financier.

Mais ce qui n'a pas été fait pourrait se faire encore aujourd'hui. Rien n'empêcherait M. le gouverneur général de l'essayer, au moins dans les trois provinces; et cet essai coûterait moins cher que celui pour lequel M. le maréchal Bugeaud demande un crédit de 3,000,000 de fr. Cependant j'accepte encore la manière de recruter les bataillons coloniaux proposée par M. le maréchal Bugeaud, j'admets toutes ses évaluations, j'adopte enfin tout son système de colonisation militaire, sauf une légère modification qui, dans mon opinion, doit le rendre plus réalisable, et qui suffira pour produire une économie considérable.

Ainsi tout homme ayant encore trois ans à passer sous les drapeaux ou qui consentira à contracter un engagement pour le compléter, sera déclaré colon s'il accepte les conditions offertes à tous.

Le chiffre des adhésions étant bien constaté, on organisera des bataillons coloniaux de 100, 200, 300, 400 ou 500 hommes, en ménageant, autant que possible, l'équilibre des professions industrielles et agricoles. Le commandement de ces bataillons sera confié à des officiers de bonne volonté chez lesquels on aura reconnu l'aptitude et la capacité convenables.

Ces bataillons seront répartis sur les points que M. le maréchal Bugeaud indique, ou tels autres que l'on voudra coloniser. Et si l'on ne croit pas devoir en composer toute la garnison de ces postes, au moins devront-ils venir en déduction de celle qui les occupe aujourd'hui.

Les bataillons coloniaux seront sédentaires; ils ne devront dans aucun cas être distraits de leurs travaux pour aller guerroyer au loin. Jamais une garnison ne sort tout entière de la place; on en confiera la garde au bataillon colonial.

Chaque bataillon colonial recevra un territoire suffisant pour qu'il reste 10 hectares par homme après réserve d'un communal suffisant; un troupeau proportionné à son effectif, et qui devra se rapprocher autant que possible du cheptel alloué à chaque famille par M. le maréchal Bugeaud, les premières semences, les outils aratoires les plus urgents.

Le matériel agricole sera acquis aux colons; les semences seront rendues à l'État après la première récolte; à l'expiration de la troisième année, terme du service militaire, on réservera sur le troupeau tout le bétail nécessaire pour donner à chaque colon 2 bœufs de labour, 2 jeunes vaches ou génisses, 15 brebis et un bélier, 1 jeune truie et 1 jeune porc.

Pendant les deux premières années le bataillon exploitera son territoire en qualité de métayer, et aura droit à la moitié des produits ; sa portion sera acquise par l'État qui en placera le montant à la caisse d'épargne de Paris. Tous les produits de la troisième année appartiendront aux colons.

Dans le cours des trois années de service militaire, les colons-soldats devront leur travail gratuit à l'État pour la construction de leurs maisons d'habitation et de tous les édifices publics, pour tous les travaux d'utilité publique.

A l'époque de la libération chaque soldat-colon recevra, avec son congé, des titres en bonne forme constatant qu'il est propriétaire d'une maison bâtie, de 10 hectares de terres en plein rapport, d'un cheptel composé comme il a été dit, de la part de récolte et de son dividende de la somme, capital et intérêts cumulés, placée à la caisse d'épargne ; à la seule condition de venir en prendre possession dans le délai de six mois et de s'engager à habiter son domaine pendant dix ans. Et je dirai comme M. le maréchal Bugeaud : quand nos soldats, devenus bons bourgeois propriétaires, se présenteront dans leur village, avec leur congé dans une main et leur titre de propriété dans l'autre, ils trouveront à se marier.

Le retour s'effectuera aux frais du colon : l'État lui accordera le passage gratuit sur ses vaisseaux pour lui et tous les membres de sa famille qu'il amènera avec lui. Néanmoins, s'il y a nécessité, l'État avancera au colon, pour le défrayer pendant la route, une somme qui ne pourra dépasser la moitié du dividende en argent auquel il a droit.

Au retour, mais seulement alors, le colon entrera en possession de son domaine et du complément de toutes les allocations dans le titre qui lui aura été remis lors de son départ.

Le colon-propriétaire ne pourra sous aucun prétexte aliéner sa concession avant le terme de dix ans, pendant lesquels il devra exploiter en personne. Toute infraction à cette règle entraînera le retour à l'État du domaine concédé.

Le colon qui, dans l'espace de sept mois à dater du jour de son départ, ne sera pas venu demander en personne sa mise en possession, perdra tous ses droits. Ses biens immeubles, son cheptel et son dividende seront acquis à l'État. Il ne pourra y avoir d'exception que pour les cas de maladie ou de nécessité absolue dûment constatés.

Pendant l'absence du colon, et afin de hâter son retour, son domaine sera exploité par les soins et pour le compte de l'État, qui fera des produits tel usage qui lui paraîtra convenable.

Bien que je n'aie aucune confiance dans les chiffres auxquels on peut faire dire, comme aux cloches, tout ce que l'on veut, voyons cependant ce que dans ce système coûterait l'établissement d'un colon.

Les colons sont soldats, et en cette qualité ils ont droit à toutes les prestations du soldat pendant toute la durée de leur service militaire; mais comme ils font partie de l'armée, dont l'effectif ne change pas, le budget ne change pas non plus. Les avances de l'État qui constituent une dépense réelle se bornent donc à la fourniture des matériaux de construction et du matériel agricole. J'adopte les évaluations de M. le maréchal Bugeaud et je copie (1) :

---

(1) M. le maréchal Bugeaud alloue à chacun de ses colons militaires un cheptel composé de

2 bœufs de labour....................	200 fr.
2 jeunes vaches ou génisses..............	100
15 brebis et un bélier...................	100
1 jeune truie.........................	25

Aussi ai-je proposé de se rapprocher autant que possible de cette

Construction d'une maison, bois et fer seulement . . . . 600 f.
Outils aratoires les plus urgents 150
J'ajoute 300 journées d'ouvriers militaires pour travaux d'utilité publique, à 0 fr. 40 c. l'une 120

$\qquad$ Total. . . 870 f.

Et l'État bénéficiera de la moitié de sa récolte pendant deux ans et de toute l'augmentation du troupeau après prélèvement des cheptels.

Ainsi la simple transposition, du moment où l'on devra permettre aux colons de s'absenter, produit une économie de 2,000 fr. au moins par colon, car le don gratuit du mobilier et des ustensiles de ménage serait une munificence déplacée, puisque le soldat aura pu réaliser en trois ans des économies bien suffisantes pour organiser son ménage.

Colonisation arabe.

Tandis qu'on entamera la colonisation militaire, on s'occupera aussi de la colonisation arabe.

Le bureau arabe sera chargé de reconnaître et de délimiter les territoires occupés par les tribus soumises, de vérifier les titres de propriété ou de possession incontestée, de constater le nombre de familles ou de tentes dans

---

proportion dans la composition du troupeau à confier au bataillon colonial, et comme

  la truie porte 4 mois, et donne de 10 à 12 petits,
  la brebis..... 5 mois, et donne.... 1 petit,
  la vache...... 9 mois, et donne.... 1 petit,

il n'est pas douteux que le troupeau sera plus que doublé en trois ans.

chaque tribu. Ce travail fait, on procédera à la colonisation arabe.

La loi de colonisation déclarera que toute tribu soumise recevra 10, 12 ou 15 hectares par tente (je suppose que la tente représente l'unité, la famille), le surplus de son territoire fera partie du domaine public.

En échange du territoire pris à la tribu, l'État édifiera autant de maisons qu'il y a de familles dans la tribu, les ponts, routes et chemins nécessaires à la bonne exploitation de son territoire, une mosquée, un caravansérail ou lieu de réunion, une école, des fontaines et des bains, des étables suffisantes pour le troupeau de la tribu.

L'État se chargera en outre des plantations (je réserve la question des irrigations qui, étant chose d'intérêt public, devra figurer dans le budget colonial, et non dans une loi de colonisation), et fera don à la tribu d'assortiments complets d'outils aratoires perfectionnés pour la culture avancée, jusqu'à concurrence d'une somme qui ne pourra dépasser 100 francs par famille.

Les familles de la tribu seront invitées à envoyer leurs enfants à l'école où l'on enseignera la langue française. Les écoles arabes seront fréquemment visitées et inspectées; les élèves qui se feront remarquer par leur intelligence et leurs progrès seront élevés gratuitement dans une institution spéciale fondée à Paris ou à Alger, et qui prendra le nom de Collége Royal musulman.

Il sera interdit aux tribus de clore leurs territoires autrement que par un fossé large et profond d'un mètre au plus.

Ces conditions seront offertes aux tribus soumises, et leur soumission ne sera reconnue définitive qu'après leur acceptation. Les tribus qui accepteront seront déclarées *tribus françaises*. Les tribus françaises seront affranchies de tout impôt, de toute redevance pendant 5 ans. Les tribus qui refuseront leur adhésion seront néanmoins expropriées de la portion de leur territoire dont l'état devra prendre possession. Le prix du territoire à acquérir sera réglé à l'amiable entre les parties ; mais la tribu n'en touchera que la rente à 10 0/0 par an. Ces rentes annuelles additionnées viendront en déduction des sacrifices à faire pour l'établissement des tribus qui, après avoir refusé d'abord leur adhésion, se raviseraient par la suite et viendraient à composition.

A l'avenir, toute tribu qui offrira sa soumission devra, avant toutes autres conditions, accepter le régime colonial. Comme gage de bon vouloir et de confiance réciproque, les fils aînés des premières familles de la tribu, s'ils ont moins de 18 ans, leurs puînés dans le cas contraire, seront élevés aux frais de l'État dans le collége royal musulman.

Toute tribu qui, après avoir accepté le régime colonial, prendra les armes contre la France, ou seulement voudra se soustraire à ce régime, sera rayée de la liste des tribus de l'Algérie. Son territoire sera acquis au domaine public, et tous les membres de la tribu qui pourront être saisis seront transportés dans notre colonie du Sénégal.

Surtout qu'on se garde bien de s'immiscer dans la répartition du territoire de la tribu entre les familles qui la composent. Laissez les Arabes faire eux-mêmes leurs affaires ; et s'il leur convient d'exploiter leur domaine en commun, n'allez pas les en détourner : laissez aux Arabes leur association agricole. Si c'était là tout ce qui les différenciât des sociétés européennes, je ne proposerais pas de les faire à notre image : ils vaudraient mieux que nous.

Examinons ce que coûterait approximativement par famille la colonisation arabe. Afin de procurer quelques profits aux Arabes de la tribu, et surtout dans la pensée de les accoutumer au travail, je suppose qu'on emploiera ceux de bonne volonté ; dans cette hypothèse, j'ai dû augmenter le prix moyen de la journée.

Matériaux de construction pour une maison . 600 f.
Bois et fer seulement pour édifice public, par famille. 300
Outils aratoires, par famille 100
Journées d'ouvriers militaires et arabes pour constructions, travaux d'utilité publique, plantations, etc., 1,000 journées par famille à 0 fr. 50 c. l'une 500

Total. . . . . .1,500 f.

Ainsi la colonisation arabe coûterait moins que la colonisation militaire de M. le maréchal Bugeaud; et, bien que dès l'abord elle soit plus dispendieuse que le mode de colonisation militaire que j'ai exposé, je ne doute pas qu'elle ne soit, en fin de compte, moins onéreuse, parce que je la crois plus féconde en ses résultats pour la pacification, qui est le but à atteindre. Et notez bien que tout ce qu'on dépensera pour les Arabes ne fera qu'acquitter le prix du territoire que l'on donnera gratuitement soit aux colons militaires, soit aux colons civils; or, M. le maréchal Bugeaud estime qu'un territoire de 1,000 hectares, composant celui d'un village de 100 feux, coûtera, acheté aux Arabes, de 30 à 40,000 francs : il paraîtra juste sans doute de déduire cette somme du coût de la colonisation arabe, ce qui le réduit à 1,200 francs par famille.

Colonisation civile.

M. le maréchal Bugeaud demande que l'État crée « de ses propres mains un cadre vigoureux de colonisation. » La colonisation militaire en est un des éléments, et c'est pour rester autant que possible dans les termes du problème tel que l'a posé M. le maréchal Bugeaud, que je vais proposer *des cadres* de colonisation civile; car il y a mieux à faire.

Jusqu'à présent les colons ont été pris au hasard, comme ils se présentaient ; et, dans les villages civils, il n'est pas rare de trouver tout à la fois des Alsaciens et des Provençaux, des Normands et des Catalans, etc., qui ne se connaissent pas, qu'aucun lien, aucun souvenir, aucun intérêt ne rapprochent. Et nous savons combien, quand on change de pays, on est heureux de se trouver en pays de connaissance, de pouvoir parler des mêmes lieux, des mêmes choses ; combien il est pénible de nouer de nouvelles relations, surtout quand nos voisins ne parlent pas la même langue. Aussi je veux que la population d'un village se compose de familles du même département s'il est possible, de la même province au moins ; et voici comment je m'y prendrais.

MM. les préfets des départements seront invités à dresser des listes où seront inscrites par arrondissement et par commune les familles qui voudront émigrer en Algérie et s'y établir ; on aura besoin d'y indiquer la composition des familles et la profession des individus. On choisira sur ces titres les éléments propres à constituer une colonie qui puisse, autant que se pourra faire, se suffire dans les professions industrielles et agricoles.

Le moment du départ étant arrivé, toutes les familles qui devront habiter le même village seront réunies au chef-lieu et se mettront en route le même jour. Je voudrais qu'on adjoignît à chaque petite colonie un prêtre et un instituteur, dignes et capables, qui accompagneraient les émigrants, au moins pendant la traversée, et émigreraient avec eux.

Cependant l'administration coloniale aurait fait établir le village destiné à être habité par l'émigration, et tout serait prêt à la recevoir au moment de son arrivée.

On aura le soin de choisir autant que possible le climat suivant les tempéraments. Le territoire annexé au village aura été calculé pour que, déduction faite d'un communal d'environ deux hectares par famille et de l'enceinte du village, il reste 10 hectares à chaque famille d'émigrants.

Je voudrais que l'enceinte du village fût assez vaste pour que l'on pût y comprendre un jardin et un verger suffisants.

L'enceinte du village se composera d'un fossé large de 3 mètres à la partie supérieure et profond de $1^m 50$ à 2^m avec talus naturels, dont les terres jetées en dedans formeront parapet. On y ménagera de petits bastions aux angles, afin de rendre la défense plus facile et plus avantageuse en cas d'attaque. On ne pratiquera que les issues strictement nécessaires ; elles seront protégées par de petits corps de garde en maçonnerie.

Enfin, pour donner toute sécurité aux colons, le territoire entier du village sera entouré d'une haie de cactus et d'aloës.

Les maisons d'habitation seront en général en maçonnerie et couvertes en tuiles; dans quelques localités, il pourra être suffisant de n'élever la maçonnerie que de 1 mètre ou $1^m 50$ au dessus du sol. Chaque village aura son église, sa mairie, son école et son presbytère, sa fontaine, son abreuvoir et son lavoir publics, une laiterie et des étables communes; et, encore une fois, tout cela devra être terminé et en bon état lors de la prise de possession.

Tous les travaux de construction, terrassement, etc., seront exécutés par l'armée.

La commune recevra, en prenant possession de son domaine, un troupeau qui devra être, autant que possible, dans la proportion de 2 bœufs de labour, 2 vaches en bon âge, 15 brebis et 1 bélier par famille. Chaque famille recevra en outre 1 jeune truie et 1 jeune porc.

L'État avancera à la commune les engins agricoles nécessaires à l'exploitation de son territoire, les premières semences, les arbres fruitiers et autres, les graines et plants légumineux.

Pendant deux ans, l'État devra en outre les vivres de campagne aux colons.

Pendant trois ans, le travail se fera en commun; les colons seront invités à se livrer surtout à la récolte des fourrages et à l'élève du bétail; cependant tout le territoire devra être défriché et préparé à la culture à l'expiration de la troisième année.—Le troupeau confié à la commune sera aussi soigné en commun.

La commune sera tenue de réserver une pépinière, afin d'être en mesure de restituer par la suite les graines, plants, arbres et arbustes qui lui auront été avancés par l'État.

Les semences avancées par l'État seront prélevées sur les deux premières récoltes.

Après trois ans de jouissance, le troupeau confié à la commune fera retour à l'État; mais seulement en nombre égal de bêtes de chaque espèce, saines et en bon âge.

Le matériel agricole sera acquis à la commune.

Dès la prise de possession, le communal sera désigné et réservé; à l'expiration de la troisième année, le surplus du territoire sera divisé en lots de 10 hectares, et réparti entre tous les ayants-droit; la répartition du cheptel restant, du matériel agricole et de tous les produits, se fera en même temps.

Je le répète, l'art de grouper les chiffres peut leur faire dire tout ce qu'on veut; aussi n'est-ce que pour comparaison que je crois devoir évaluer la dépense qu'occasionnera l'établissement d'une famille de colons civils dans ces conditions-là. Je continue à prendre les mêmes chiffres que M. le maréchal Bugeaud.

Matériaux de construction, bois et fer seulement :

1° Pour une maison d'habitation	600^f »
2° Pour édifices publics, 12,000 fr. pour un village de 100 feux, par famille.	120. »
1,000 journées militaires pour travaux de construction, terrassements, plantations, etc., à 0 fr. 40 c. l'une.	400 »
A reporter.	1,120 »

	Report.	1,120 »

Vivres de campagne pendant deux ans :

1° Pour 2 hommes au-dessus de 16 ans, 0 f. 457 la ration.	667 22
2° Pour 1 femme et 2 enfants au-dessous de 16 ans (femmes et enfants dans l'armée), la même ration moins le vin, 0 f. 387	847 53
1 jeune truie et 1 jeune porc.	40 »
Total	2,634ᶠ 75

J'ai déjà montré (voir la note de la page 34) que le troupeau confié à la commune serait plus que doublé en trois ans; aussi je ne crois pas devoir tenir compte du cheptel de la famille. Quant au mobilier, je ferai observer que chaque famille en possède un qui lui suffit : si elle ne veut pas le transporter avec elle, rien ne l'empêchera de s'en défaire et de s'en acheter un sur les lieux, moins complet, il est vrai, mais qui lui suffira dans les premiers temps.

Ainsi ce mode de colonisation civile coûterait moins cher que la colonisation militaire de M. le maréchal Bugeaud, et cependant je crois n'avoir rien négligé de ce qui peut assurer le succès et la prospérité d'une colonie. Mais qu'on ne s'étonne pas de ce résultat : la puissance de l'association est assez grande pour faire plus d'un miracle; le premier et le plus commun de tous sera de voir constamment les hommes d'expérience et de capacité, qui ne veulent pas y avoir recours, être dépassés du premier coup par tous ceux qui ne croient pas que le colonage, la petite culture par famille, est le meilleur de tous les modes d'exploitation. Ainsi n'ai-je fait que de bien faibles emprunts aux idées d'association, si faibles même que si je n'en disais rien, bien des gens ne s'en apercevraient pas; et pourtant j'arrive à ce résultat, que la colonisation civile, que M. le maréchal Bugeaud dit être la plus dispendieuse, peut coûter moins que la colonisation militaire. Et cependant on peut faire mieux encore, mieux d'une manière absolue et plus économiquement ; et pour faire mieux, je n'ai rien à imaginer, je copierai et je proposerai de faire ce qui se fait déjà, et les détails que je me suis engagé à donner sur la colonie agricole du Sig trouveront tout naturellement ici leur place.

Les statuts de l'*Union agricole d'Afrique* ont été publiés par cette société et mis sous les yeux de M. le ministre de la guerre qui, après en avoir pris connaissance, et malgré tous les obstacles suscités par l'administration des finances, mit la société en possession provisoire du territoire dont elle poursuivait la concession ; enfin l'ordonnance de concession, en date du 8 novembre 1846, a été publiée dans les journaux officiels de la colonie et de la métropole. Chacun a donc pu étudier l'esprit et les principes de cette société. Cependant je ne puis me dispenser d'en donner une analyse rapide et succincte.

La société est basée sur l'unité indivisible de la propriété et sur l'association du capital et du travail.

Les travailleurs deviennent actionnaires en participant à la plus-value de la richesse sociale.

Pour être associés, les travailleurs doivent être actionnaires ou membres d'une famille dont le chef est lui-même actionnaire et travailleur.

Les travailleurs associés ont droit à un minimum fixe de subsistance et à une part dans les bénéfices.

La société garantit, en tout temps, aux travailleurs associés un travail correspondant au minimum de subsistance, les travailleurs non associés n'ont droit qu'au salaire promis.

Tous les travailleurs sont traités et soignés aux frais de la société, en cas de maladie.

Les enfants, jusqu'à l'âge de sept ans, sont élevés aux frais de la société : à sept ans leur travail est rétribué.

Les bénéfices nets sont partagés entre les associés proportionnellement aux sommes perçues par eux soit à titre de minimum par les travailleurs associés, soit à titre d'intérêt fixe par les actionnaires.

Je le demande avec assurance : n'y a-t-il pas là toutes garanties pour le travailleur auquel on garantit même le travail? N'y trouve-t-il pas l'attrait de la propriété qui seul, dit-on, peut l'amener sur cette terre d'Afrique? Et ne faut-il pas tenir compte, et bon compte, de la certitude qu'il a d'être traité, s'il est malade; tandis que sa femme et ses enfants pourront continuer leur travail qui leur assure un minimum, un salaire?

L'*Union agricole d'Afrique* est autorisée à fonder une commune d'au moins 300 familles européennes. Dans ce but l'État lui concède un territoire de 3,059 hectares consistant en terres labourables, bois et broussailles.

La société s'engage à établir à demeure sur le territoire concédé 300 familles européennes, dont les deux tiers au moins de familles françaises;

A édifier les bâtimens d'habitation et d'exploitation nécessaires pour ces familles ; — à mettre en culture et en bon état d'entretien toutes les parties de sa concession;— à planter trente arbres fruitiers ou forestiers par hectare ; — à établir et entretenir sur la concession un troupeau de 1,000 bêtes de race bovine, 150 de race chevaline et 3,000 de race ovine; et à bâtir les étables, bergeries et hangars suffisants pour ce nombre d'animaux; — à construire un moulin à farine, etc.

Toutes ces conditions doivent être exécutées dans un délai de 10 ans ; néanmoins un tiers au moins devra en être accompli dans le cours des cinq premières années. A partir de la cinquième année révolue, la société paiera à l'État une rente annuelle de 1 franc par hectare.

L'État contribuera jusqu'à concurrence d'une somme de 150,000 francs aux travaux d'utilité générale, tels que l'enceinte du village, les fontaines, les lavoirs et abreuvoirs, les édifices publics, église, école, mairie. — Ces travaux, à l'exception de l'enceinte qui pourra être faite par l'État, seront exécutés par la société elle-même.

Voilà bien une de ces grandes concessions que M. le maréchal Bugeaud a repoussées de tous ses moyens ; mais non pas sans examen sans doute. — 3,059 hectares, mais aussi 300 familles : 10 hectares par famille, c'est ce que M. le maréchal alloue à chacun de ses colons militaires.

M. le maréchal Bugeaud a repoussé les grandes concessions, parce que les grands concessionnaires sont intéressés à ne faire qu'une population rare et clair-semée ; tandis que « la colonisation civile, précisément parce qu'elle » est plus faible que la colonisation militaire, a besoin » d'être plus dense pour que sa masse impose du respect. » Mais un village de 300 familles, protégé par une enceinte, est fort respectable.

L'Union agricole a déjà arrêté son projet de village ; une enceinte bastionnée de 400 mètres sur 300 mètres de côtés enferme tous les établissemens. Elle a pensé, comme les propriétaires de la Beauce, qu'il est plus économique d'établir une grande ferme que d'établir 300 petites métairies ; elle a pensé, comme M. le maréchal Bugeaud, qu'en mettant à la tête de sa colonie un homme de quelque habileté, et elle a déjà fait ainsi, il donnerait à tous les travaux une direction uniforme, en harmonie avec l'intérêt des individus et les intérêts généraux de la colonie et de la France ; car l'Union agricole d'Afrique est composée d'hommes de cœur tous dévoués à la France.

N'y a-t-il pas là toutes les conditions de succès exigées par M. le maréchal Bugeaud ? et pourtant M. le maréchal annonce déjà la ruine et la chute prochaine de cette entreprise ; il déclare le système impossible, irréalisable, impraticable... et que vous importe le succès! la fortune de l'État est-elle engagée dans cette entreprise ?... Lorsque des hommes consciencieux ont conçu une idée dont vous ne nierez pas la grandeur et la générosité, laissez-les avoir confiance en leur idée, laissez-les en faire l'essai à leurs risques et périls ; et si vous ne voulez pas vous intéresser à leur œuvre, restez neutre du moins.

Mais pourquoi ne réussiraient-ils pas ? C'est à l'œuvre,

dit-on, qu'on connaît l'ouvrier. Examinez donc d'abord le travail déjà fait, et vous jugerez ensuite l'ouvrier.

L'ordonnance royale de concession est du 8 novembre 1846; la société avait été mise en possession provisoire de sa concession quelques mois auparavant, il est vrai. Voici quelle était sa situation au 31 décembre 1846 (1):

Personnel présent sur les lieux.

Sociétaires........ 11
Employés à gages. . . 26
   Id.   à la journée. 8
                   ———
      Total. .... 45 tous français dont 5 femmes.

Exploitation.

30 hectares ensemencés en céréales.
20   —   —   en prairies.
 5   —   —   en pommes de terre.
10   —   jardins et pépinières.

65 hectares défrichés, ensemencés, mis en culture.
6,000 pieds d'arbres mis en trou (en sus de la pépinière).

Immeubles.

36 mètres courants de baraques d'habitation.
112 —   —   —   écuries.

Les ruines de Bordj et Chalabj restaurées de manière à pouvoir loger 80 colons.

---

(1) **Je puis garantir l'exactitude de ces renseignements.**

L'Union possède déjà un troupeau de 14 bœufs ou vaches, 400 moutons, 14 chevaux ou juments, 2 poulains, 2 chèvres. — Un matériel agricole considérable, des matériaux de construction, un mobilier, l'outillage et les outils d'ouvriers en fer et en bois.

Tout cela a été fait en moins de quatre mois et n'a pas coûté plus de 60,000 francs. Eh bien! je le demande : tout ce travail fait en aussi peu de temps et avec aussi peu de frais n'est-il pas une garantie pour l'avenir? Qu'on cite mieux et même aussi bien!

Ainsi la colonie agricole du Sig réunit toutes les conditions : attrait de la propriété, sécurité parfaite, garantie de travail et par conséquent garantie de salaire en tout temps, exécution rapide et assurée, enfin économie entière pour l'État, puisque l'allocation de 150,000 francs est destinée à la construction des édifices publics que tous les projets de colonisation réservent pour un avenir plus ou moins éloigné. Faut-il tenir compte de l'établissement de l'enceinte aux frais de l'État? Moins de 2,000 journées de terrassiers militaires, moins de 700 francs de dépense. Dois-je dire aussi que le barrage du Sig a été fait dans un but d'utilité générale comme les grandes routes, comme les canaux, comme les chemins de fer, et avant même qu'on ne songeât à l'Union agricole d'Afrique?

Aussi je n'hésite pas à proclamer que le système de colonisation adopté, proposé et pratiqué par l'Union agricole d'Afrique, est de tous le meilleur, et qu'il laisse bien loin derrière lui tous ceux proposés jusqu'à présent; voire même celui de M. le général de Lamoricière, si attrayant par son apparente économie, si funeste, si désastreux pour l'avenir des malheureux qui se laisseront séduire par les promesses dorées de messieurs les capitalistes entrepreneurs-adjudicataires-concessionnaires.

CONCLUSION.

Cependant je ne proposerai pas de l'adopter à l'exclusion

de tous autres : la colonisation militaire, portée aux limites de notre domination incontestée, est la base et l'élément indispensable de tout système de colonisation bien entendu; la colonisation arabe est, à mes yeux, l'accomplissement d'un devoir sacré, l'acquittement d'une dette d'honneur contractée en face de tous les peuples civilisés; quant à la colonisation civile, elle ne vient qu'à la suite des deux autres. La colonisation arabe lui fournira les territoires où elle déploiera son activité; la colonisation militaire lui assurera la sécurité dont elle ne saurait se passer.

Alger, 20 mars 1847.

EXTRAIT DU CATALOGUE

DE LA

LIBRAIRIE PHALANSTÉRIENNE

rue de Beaune, 2.

ET QUAI VOLTAIRE, 25, EN FACE DU PONT-ROYAL.

THÉORIE DES QUATRE MOUVEMENTS ET DES DESTINÉES GÉNÉRALES. 3e édit., avec une Préface des éditeurs. Un vol. in-8° (t. 1 des œuvres complètes). Paris, 1846. Prix, 6 fr. Par la poste, 7 fr. 25 c.

THÉORIE DE L'UNITÉ UNIVERSELLE, ou **TRAITÉ DE L'ASSOCIATION DOMESTIQUE-AGRICOLE.** 2e édit. 4 vol. in-8° (tomes 2, 3, 4 et 5 des œuvres complètes. 18 fr. Franco, 21 fr.

Le même ouvrage publié par livraison, avec le Plan du traité de l'Attraction, trois vignettes et le portrait de Fourier. Prix, 50 c. pris au bureau. Il paraît une livraison par semaine, à partir du 30 août 1846.

LE NOUVEAU MONDE INDUSTRIEL ET SOCIÉTAIRE. 3e édit. Paris, un fort volume in-8°, formant le tome 6 des œuvres complètes. Prix, 5 fr. Par la poste, 6 fr. 50 c.

En prenant en même temps les six volumes qui précèdent, on les obtient pour 28 fr. Franco, 32 fr.

APERÇUS SUR LES PROCÉDÉS INDUSTRIELS. — URGENCE DE L'ORGANISATION SOCIÉTAIRE, par Just Muiron. 2e édit., in-12. Paris, 1840. Prix, 2 fr. Par la poste, 2 fr. 50 c.

MANIFESTE DE L'ÉCOLE SOCIÉTAIRE fondée par Fourier, ou **BASES DE LA POLITIQUE POSITIVE.** Paris, 1842 (écrit par M. Considerant, et adopté par le Conseil de l'Ecole). Nouvelle édition, revue et considérablement augmentée. 1842. Un beau volume in-18. Prix, 1 fr. 25 c. Par la poste, 1 fr. 60 c.

THÉORIE DE L'ÉDUCATION NATURELLE ET ATTRAYANTE, dédiée aux Mères, par V. Considerant. Un volume in-8°. Prix, 3 fr. Par la poste, 3 fr. 80 c.

DÉBACLE DE LA POLITIQUE EN FRANCE, par V. Considerant. Brochure in-12 de 152 pages. Paris, 1836. Prix, 1 fr. 50 c. Par la poste, 1 fr. 75 c.

EXPOSITION ABRÉGÉE DU SYSTÈME PHALANSTÉRIEN DE FOURIER, suivi de : ÉTUDES SUR QUELQUES PROBLÈMES FONDAMENTAUX DE LA DESTINÉE SOCIALE, par V. Considerant. Brochure in-32 de jésus. Paris, 3e édit., 4e tir., 1846. Prix, 60 c. Par la poste, 75 c.

Le même ouvrage non suivi des neuf thèses. Prix, 30 c. Par la poste, 40 c.

IMMORALITÉ DE LA DOCTRINE DE FOURIER. Brochure de 48 pages, in-8º. Paris, 1841. Prix, 30 c. Par la poste, 50 c.

DE LA POLITIQUE NOUVELLE convenant aux intérêts actuels de la société, et de ses conditions de développement par la publicité. 2ᵉ édit., 1844. Une brochure in-8º. Prix, 15 c. Par la poste, 20 c.

INTRODUCTION A L'ÉTUDE DE LA SCIENCE SOCIALE, par Amédée Paget. 2ᵉ édit. Un volume in-8º. Paris, 1841, pap. fin. Prix, 3 fr. Par la poste, 3 fr. 90 c.

LE FOU DU PALAIS-ROYAL, Dialogues sur la théorie de Fourier, par François Cantagrel, 2ᵉ édit. 1 fort vol. gr. in-18, format Charpentier. Paris, 1845. Prix, 4 fr. Par la poste, 4 fr. 50 c.

LES ENFANTS AU PHALANSTÈRE, dialogue familier sur l'éducation, extrait du FOU DU PALAIS-ROYAL, par le même. Petit vol. in-32. Prix, 40 c. Par la poste, 50 c.

FOURIER, SA VIE ET SA THÉORIE, avec des lettres inédites et trois fac-simile de l'écriture de Fourier, par Pellarin, docteur en médecine. Un fort vol. in-18, format anglais. Prix, 5 fr. Par la poste, 6 fr.

SOLIDARITÉ. — VUE SYNTHÉTIQUE SUR LA DOCTRINE DE CH. FOURIER, par Hippolyte Renaud, ancien élève de l'école Polytechnique. Un vol. in-18. 3ᵉ édit., revue et augmentée par l'auteur. Paris, 1846. Prix, 1 f. 25 c. Par la poste, 1 fr. 50 c.

L'ORGANISATION DU TRAVAIL ET L'ASSOCIATION, par Math. Briancourt. 2ᵉ édit. Un vol. gr. in-32. Prix, 80 c. Par la poste, 1 fr.

PRÉCIS DE L'ORGANISATION DU TRAVAIL, par le même. Un volume in-32. Prix, 30 c. Par la poste, 40 c.

NOTIONS ÉLÉMENTAIRES SUR LA SCIENCE SOCIALE DE FOURIER, par Henri Gorsse, auteur de la DÉFENSE DU FOURIÉRISME. Un vol in-18 de 2 à 300 pages. Prix, 1 fr. Par la poste, 1 fr. 35 c.

LA DERNIÈRE INCARNATION. Légendes évangéliques du dix-neuvième siècle, par A. Constant. Prix, 60 c. Par la poste, 75 c.

LA GRÈVE DES CHARPENTIERS DU DÉPARTEMENT DE LA SEINE en 1845, par J. Blanc. Un vol. in-12. Prix, 1 fr. Par la poste, 1 fr. 50 c.

TROIS LEÇONS DU PROFESSEUR CHERBULIEZ SUR FOURIER, SON ÉCOLE ET SON SYSTÈME, reproduites et réfutées par un ministre du saint Evangile. Un vol. in-8º, de 500 pages. Prix. 6 fr. Par la poste, 7 fr. 50 c.

TRAITÉ ÉLÉMENTAIRE DE LA SCIENCE DE L'HOMME, CONSIDÉRÉE SOUS TOUS SES RAPPORTS, par G. Gabet, ancien avocat. 3 vol. in-8º avec fig. Prix, 18 fr. Par la poste, 23 fr.

DU MONOPOLE DES SELS par la FÉODALITÉ FINANCIÈRE. Collection des articles publiés par la *Démocratie pacifique* sur cette importante question, avec documents, tableaux et pièces justificatives, par Raymond Thomassy. Brochure in-8º. Prix, 1 fr. Par la poste, 1 fr. 25 c.

ORGANISATION UNITAIRE DES ASSURANCES, par R. Boudon. Broch. in-8º. Paris, 1840. Prix, 1 fr. Par la poste, 1 fr. 25 c.

RÉFORME DES OCTROIS ET DES CONTRIBUTIONS INDIRECTES, par le même. — QUESTION VINICOLE. — QUESTION DES BESTIAUX. Brochure in-8º. Prix, 75 c. Par la poste, 90 c.

CHANSONS DE LOUIS FESTEAU. Un vol. in-32. Prix, 2 fr. 25 c. Par la poste, 2 fr. 50 c.

On trouve à la librairie Sociétaire les deux premiers volumes du même auteur, ce qui formera la collection entière.

CONSEILS SUR LA ROYAUTÉ, à Monseigneur le comte de Paris, par Jules de Presles. Prix, 1 fr. Par la poste, 1 fr. 25 c.

Imprimerie Lange-Lévy, rue Croissant, 16.

www.ingramcontent.com/pod-product-compliance
Lightning Source LLC
Chambersburg PA
CBHW070658050426

42451CB00008B/404